NOTICE NÉCROLOGIQUE

SUR

M. L'ABBÉ MATHIS

ANCIEN CURÉ DE LA TESSOUALLE

ANCIEN AUMÔNIER DES INCURABLES DE BAUGÉ

(1805-1886)

PAR

M. L'ABBÉ BRIDIER

Professeur de Rhétorique au Petit-Séminaire Saint-Nicolas-du-Chardonnet, à Paris.

———

SE VEND AU PROFIT DES INCURABLES DE BAUGÉ

———

ANGERS

IMPRIMERIE-LIBRAIRIE GERMAIN ET G. GRASSIN

RUE SAINT-LAUD

—

1886

NOTICE NÉCROLOGIQUE

SUR

M. L'ABBÉ MATHIS

ANCIEN CURÉ DE LA TESSOUALLE

ANCIEN AUMÔNIER DES INCURABLES DE BAUGÉ

(1815-1886)

PAR

M. L'ABBÉ BRIDIER

Professeur de Rhétorique au Petit-Séminaire Saint-Nicolas-du-Chardonnet, à Paris.

SE VEND AU PROFIT DES INCURABLES DE BAUGÉ

ANGERS

IMPRIMERIE-LIBRAIRIE GERMAIN ET G. GRASSIN

RUE SAINT-LAUD

1886

Ces quelques pages étaient adressées à la famille de Monsieur Mathis et aux Religieuses des Incurables de Baugé et devaient rester manuscrites. Un grand nombre de personnes, amis et obligés du défunt, en ont demandé l'impression. Qu'il soit fait selon leur désir, et puisse ce faible hommage de reconnaissance filiale aviver dans leur cœur le souvenir de celui qu'ils ont aimé et vénéré !

I

Le 17 août dernier, mourait à Saint-Martin-la-
Forêt, un des vétérans de notre clergé angevin,
M. l'abbé Mathis, ancien curé de la Tessoualle et
ancien aumônier des Incurables de Baugé.

Il naquit à Rennes, le 31 mai 1805. Quelques
mois auparavant, son père, natif de Saarlouis et
alors chef d'escadron au septième Hussards, partait
pour prendre part à la bataille d'Austerlitz ; et
comme il prenait congé de sa jeune femme, il lui
dit, en faisant allusion à l'enfant qu'elle portait dans
son sein : « Si c'est un garçon, tu l'appelleras
Siméon-Louis-Adolphe, si c'est une fille, tu l'appelleras... comme tu voudras. » Évidemment le rude
soldat souhaitait un fils, à qui léguer un jour son
épée et son cheval de bataille. Mais les longues
heures si tristes, passées auprès de ce berceau,
d'où le père était absent, peut-être pour jamais, et
aussi sa tendre piété, inspiraient à la mère des vœux
bien différents. Elle désirait que son premier-né fût

prêtre. C'est la mère, comme il arrive souvent, que Dieu écouta.

Seulement, il y eut une lutte. « Voyez-vous, disait un jour à ses camarades, comme un ecclésiastique passait devant eux, le jeune Mathis, placé dès 1815 au Collège-Royal d'Angers, voyez-vous cet homme ? — Oui, c'est un calotin. — Eh bien je serai plus tard comme lui. — Toi calotin ? tu le voudrais, Mathis ? — Je ne le veux pas, mais je sens que je le serai quand même. » Cette petite conversation, au style un peu lâché, atteste bien le combat qui se livrait dans cette âme troublée.

Il lui fallait à ce moment un directeur éclairé pour le révéler à lui-même. Ce directeur existait, mais non point au Collège-Royal. De là des tourments intérieurs, un ennui profond, un dégoût croissant, l'horreur enfin d'un milieu où l'esprit était tout et le cœur rien. Bref, une nuit, le collégien attacha ses draps en guise de corde à une fenêtre du dortoir et s'enfuit.

Ces sortes de faits ne se justifient point, mais ils s'expliquent parfois. Tel était le cas pour le jeune Mathis. Seulement le père, alors retiré à Beaufort, vit là une de ces fautes contre la discipline, qui ne se pardonnent pas. La maison paternelle fut interdite au fugitif, sa valise bouclée et un régiment choisi pour l'engager. Il allait partir. C'est à ce moment que le jeune homme, retiré chez un ami de sa famille à Angers, et en proie à la plus vive agitation, fit à pied le voyage de Beaufort. Ce fut son chemin de Damas à lui, et il trouva au bout un autre *Ananie*, si j'ose ainsi l'appeler, l'abbé Joubert, curé de Beaufort, le directeur préparé par la Providence pour l'heure décisive. A sa voix tout s'éclaircit, le calme se fit dans cette âme et la grande résolution fut prise. Il avait alors dix-sept ans.

La ténacité fut toujours un des traits dominants de l'abbé Mathis. Il n'y avait donc pas à redouter de faiblesses, et cependant elle semblait devoir être mise à de rudes épreuves par les résistances présumées de son père. Quel ne fut donc pas son étonnement, lorsque, paraissant en sa présence et lui déclarant son intention, il entendit ce noble soldat, qui avait assisté à quatorze batailles rangées, eu six chevaux tués sous lui et enlevé à la pointe de l'épée la croix de la légion d'honneur, le grade de général et le titre de baron de l'Empire, lui dire après un instant d'émotion : « Mon fils, si tu choisissais une autre carrière, je croirais mon nom déshonoré ; mais puisque c'est pour te faire prêtre que tu ne veux pas être soldat, va, tu peux partir. » Paroles superbes, que l'abbé Mathis aimait à citer avec un filial orgueil.

II

Dès lors, sa vie se développe régulièrement jusqu'en 1857.

Après avoir achevé à Combrée ses études classiques et s'être fait incorporer au diocèse d'Angers, il entra au grand séminaire et reçut le sous-diaconat en 1827. Sa mère assistait à cette cérémonie, mais elle quitta peu après ce monde, où la tristesse est si près de la joie et s'endormit, laissant son fils sur la première marche du saint autel. Il y monta seulement en 1829.

Peu après, le général Mathis s'éteignait aussi. Il transmettait à son aîné son titre de baron et une aisance relative. Avec cela, ses belles relations et son grand air, le jeune abbé pouvait prétendre aux honneurs. Il lui suffisait de se laisser pousser. Mais c'est du fond du cœur qu'il avait dit en recevant sa première tonsure : « Le Seigneur est ma part d'héritage. » Il n'en voulait point d'autre et se laissa envoyer par son évêque à Sainte-Gemmes-d'Andigné, qui eut le bonheur de cueillir la fleur de son sacerdoce. Il y resta pendant quatorze ans.

Pieux comme un ange, sans rien d'affecté, réglé comme un militaire, depuis quatre heures du matin, qui fut jusqu'au bout l'heure de son lever, dur à lui-même comme un moine, tendre, comme le sont les saints, aux pécheurs, il produisit sur cette paroisse une impression que l'abbé Denécheau, vicaire de Segré, et plus tard curé de la cathédrale, traduisait par ces paroles : « Depuis que Mathis est là, je ne reconnais plus Sainte-Gemmes, il l'a convertie. » Sa charité surtout était inépuisable ; quand il avait donné son argent, il donnait son linge et ses habits. Chaque année, sa sœur aînée, aujourd'hui religieuse à l'Oratoire d'Angers, remplaçant auprès de ses frères et sœurs la mère absente, surprenait dans le trousseau du jeune vicaire, qui usait pourtant fort peu, des lacunes absolument prodigieuses. Elle

grondait ; le frère avouait tout et ne promettait rien :
« Renvoie-moi comme tu voudras, disait-il, mais je
t'avertis que je ne puis rien garder, quand je vois les
autres souffrir. »

Voilà le prêtre qui était nommé en 1843 curé de la
Tessoualle. Du premier coup, pasteur et paroissiens
se comprirent. C'est que ce fils du grand soldat de
l'Empire et ces fils des grands Chouans se ressem-
blaient par la foi simple et robuste, la piété naïve, la
sincérité à outrance et la gaîté gauloise. Avec une
ardeur que décuplait la certitude du succès, il se mit
à cultiver cette portion admirablement féconde de
l'héritage du père de famille, il l'enrichit, il lui fit
porter des fruits plus célestes, je veux dire des voca-
tions sacerdotales et religieuses, son œuvre de prédi-
lection et le plus beau fleuron de sa couronne, et cette
congrégation des filles de Marie, dont il est le fon-
dateur. Il était secondé par les collaborateurs les
plus dévoués, estimé des grandes familles qu'il ne
recherchait pourtant pas, béni des pauvres, respecté
et chéri de tous, il pouvait vivre là, il pouvait y
mourir, quand tout à coup on apprit qu'il partait pour
la Trappe de Bellefontaine. A cette nouvelle, il y
eut dans cette population, au cœur si chaud, un élan
de douleur qui le fit fléchir un instant ; mais, la nuit
suivante, tandis que tout reposait, lui, prosterné
devant le Saint-Sacrement, se reprochait sa faiblesse
et, dès la pointe du jour, au moment où les cierges,
allumés en action de grâces à l'autel de Marie,
achevaient de brûler, il s'en allait par les chemins
déserts, frapper aux portes du couvent. Trois mois

seulement après, sur la décision de l'abbé lui-même, le R. P. Fulgence, il en sortait !

C'etait donc une grave méprise. En voici l'explication. L'abbé Mathis, dont le caractère et le genre de piété tenaient plus de l'austère Rancé que de l'aimable Saint-François-de-Sales, avait eu, dès dix-sept ans, le désir de se faire trappiste. Son imagination, qu'il eut toujours fort vive et, comme toutes les grandes âmes, éprise d'idéal, l'avait allumé pendant vingt années. Un sage directeur l'aurait étouffé ; car la docilité quasi-absolue, qu'il exigeait des autres, il la pratiquait le premier. Mais l'abbé Joubert était mort. La proximité de la Trappe mit le comble et décida. Cependant l'imagination peut bien donner le vigoureux coup d'ailes qui porte sur les sommets abrupts, c'est la grâce seule qui y soutient les élus. L'abbé Mathis ne l'était pas. Il lui fallut redescendre. Il le fit du moins avec une simplicité qui met à nu le fond de son âme.

A quelques mois de là, en effet, la tête encore à demi-rasée, il fut, comme il traversait Tours, présenté à un maréchal de France, qui passait alors l'inspection de la place. « Le fils du général Mathis ! mon vieux compagnon d'armes, fit le maréchal en entendant son nom. — Lui-même, Maréchal, répondit l'abbé, et aujourd'hui, ajouta-t-il avec une charmante bonhomie, pauvre moine défroqué ! » Le maréchal se fit conter son histoire et, comme il l'eut achevée : « Monsieur l'abbé, dit-il, c'est une fausse manœuvre que vous avez faite là, mais j'ai été l'ami de votre père et il m'appartient de la réparer ; sous peu je vous

fais nommer chanoine de Saint-Denis. » L'abbé
Mathis refusa avec une vivacité, qui coupait court à
toute insistance et, après une tournée d'Allemagne
pour visiter la famille de son père, il vint se remettre
à la disposition de son évêque, qui l'envoya provi-
soirement à Bouchemaine, puis, un an après, la
place étant venue à vaquer par la mort du vénérable
abbé Baudoin, le nomma aumônier des Incurables
de Baugé.

III

Il était au comble de ses vœux, il avait ambitionné
un poste de ce genre; ce serait, disait-il, son bâton
de maréchal. Il allait le tenir, il faillit bien lui
échapper.

En effet, son nom une fois su, vite on était allé
aux informations. Il y a trop d'œuvres aux Incurables, très diverses et très délicates, pour se jeter
dans l'inconnu. « Fils de giberne », allure militaire,
ton brusque, ancien Trappiste, humeur changeante,
tel fut son signalement. L'alarme est au sein de la
Communauté, qui le voyait déjà, comme de raison,
mener, baguette et discipline en main, la tâche de
patience, de douceur et de mansuétude de son vénéré
prédécesseur. On dépêche aussitôt à Angers pour
présenter à qui de droit de respectueuses observa-
tions. Mgr Angebault était aux extrémités du diocèse,
on se dispose à l'y poursuivre. Qui ne reconnaît ici
l'audace passionnée des mères, qui défendent leur
tendre couvée? Le piquant, — il ne l'était guère

alors pour les religieuses et pour l'abbé Mathis, qui suivait tout d'un œil inquiet, — c'est que l'ennemi imaginaire, si j'ose ainsi l'appeler, devait être en réalité le meilleur et le plus aimé des pères. Enfin M. Bompois et M. Baudoin, curé de Seiches et frère du précédent aumônier, firent cesser la méprise. « Vous ne le connaissez pas, dit le premier aux religieuses, c'est le prêtre qu'il vous faut. » Le second ajouta : « On vous l'a gâté, c'est un vrai saint ! » Sa vue acheva de rassurer. Il arriva le soir vers sept heures et s'en alla de suite heurter à la porte de la chapelle. Elle était fermée. « On ferme bien tôt, ici, la maison du bon Dieu », dit-il à quelqu'un qui se rencontra là. L'acte et le mot firent de suite le tour de la maison. Ils n'étaient pas pour déplaire. Le lendemain il parut dans la salle du Chapitre. Il était ému et, comme il l'avouait après en riant, « il n'en menait pas large. » Avec cette tête inclinée sur l'épaule, qui semblait toujours écouter une voix, ces yeux baissés, sur lesquels les paupières retombaient comme des voiles trop longs, cette attitude timide et presque embarrassée et qui gardait, pourtant, comme un reste de l'héritage paternel, je ne sais quoi d'impératif et d'imposant, cette parole un peu confuse et hésitante, qui ne manquait ni d'émotion ni de sel, il dit « qu'on lui avait recommandé d'étudier les auteurs ascétiques, qu'il n'avait jusque-là cousu que de la toile, qu'il lui fallait maintenant travailler dans la dentelle » ; il parla de son père et de ses campagnes. On sentit ce qu'il y avait d'humilité, de tendresse et même de faiblesse sous cette enveloppe qui paraissait si rude, et à la défiance succéda cette joie délicieuse des âmes, qui retrouvent une sœur dans celle qu'elles avaient un instant méconnue.

Méconnue en effet? Car à le considérer par les sommets et dans cet éloignement favorable, où il nous apparaît déjà, quel prêtre se montra mieux à la hauteur de ses devoirs multiples par sa piété, sa ponctualité, sa fermeté, sa bienfaisance perspicace, ingénieuse et délicate, sa sainte et patiente habileté à gagner les âmes timides, à guérir celles qu'avait pu blesser sa parole parfois un peu rude. « Faisait-on deux pas en arrière, disait quelqu'un, il en faisait quatre en avant. » Dix-sept ans entiers, il se dévoua à cette maison, que tout Baugé salue comme son honneur et chérit comme une pure image de la Providence, où chaque bâtiment, élevé au souffle de la charité, abrite un être humain qui souffre et un ange visible qui le console, et où il trouvait réuni tout ce qu'un cœur sacerdotal, comme le sien, pouvait souhaiter : orphelins à élever, infirmes à soulager, vieillards à préparer à leur dernier voyage, jeunes gens et hommes faits à maîtriser, âmes d'élite à guider dans les voies de la plus haute perfection. Sans doute, il était soutenu par la vue de la Vraie Croix qui y repose, la présence du Dieu de l'Eucharistie, qu'il visitait longuement tous les jours, le calme d'un cœur satisfait, et une affection pour ses Incurables, que personnes ni choses ne lui inspirèrent jamais à un égal degré. Ne le vit-on pas, quand le déclin de l'âge, ou un excès de discrétion, nous ne savons, Dieu le sait, le décida à se retirer, ne le vit-on pas se fixer à La Flèche, à quatre lieues seulement, puis revenir bientôt à Baugé, au collège Saint-Joseph ! « Pourquoi, se disait-on, ces changements perpétuels ? » Eh ! pourquoi le cœur humain, comme les astres, a-t-il son centre d'attraction ?

Il fut bien payé de retour. Les communautés plus que les individus sont exposées à perdre la mémoire du cœur, une reconnaissance collective n'obligeant personne en particulier. Tel n'a jamais été le cas des Incurables ; et s'il y eut jamais spectacle encourageant pour qui veut se dévouer, honorable pour l'habit religieux et consolant pour les amis de l'abbé Mathis, ç'a été celui de cette Supérieure et de ses Sœurs, suivant par la pensée, dans ses différentes retraites, leur ancien aumônier, veillant sur lui de derrière leur cloître, et, par les preuves les plus solides et les plus délicates de la reconnaissance et de l'affection, essayant d'adoucir les dernières années si tristes d'un vieillard, qui vit loin de tout ce qu'il a aimé, jusqu'au jour où mettant le comble à tant de dévoûement, elles l'ont ramené, selon son désir, dans le cimetière des Incurables.

IV

Ce jour vint, il y a trois semaines. Vers le 4 août, l'abbé Mathis était allé, comme il avait coutume, faire sa retraite annuelle, à la maison de campagne du Grand-Séminaire. Il en était revenu très fatigué. Le 14 suivant, dans la nuit, une congestion se déclara au cerveau. Un instant, le quinze au matin, on eut un espoir assez sérieux pour permettre à M. Simon, son successeur, de partir pour Lourdes, mais bientôt il s'éteignit. Lui seul ne s'illusionna pas un instant. Une sœur des Incurables, qui se trouvait, par une permission de la Providence, à Angers, le jour même de l'attaque, lui demandant si elle devait rester auprès de lui, « Oui, répondit-il d'une voix ferme. » Sentant que c'était fini, il voulait avoir près de lui ses filles des Incurables. Dès lors, elles se succédèrent au chevet du malade, qui ne cessa d'avoir sa pleine connaissance, de prier, de faire le signe de la croix de sa main défaillante, de baiser les médailles bénies et la relique de la Vraie-Croix, qu'il portait toujours à son cou, et ce fut entre leurs bras qu'il remit sa belle âme à Dieu, le mardi 17, à cinq heures du matin, après quatre jours de maladie. Il avait 81 ans.

Trois jours auparavant, Madame la Supérieure des Incurables, qui désirait l'avoir, la semaine même, à Baugé, lui écrivait pour vaincre ses hésitations : « Je vous veux mercredi, mort ou vivant. » Il y arrivait le mercredi, dans son cercueil. Quel instant d'émotion, quand le fourgon funèbre apparut au bout de cette rue étroite, qu'il descendait pour la première fois vingt-cinq ans auparavant !

Après un nocturne, que la voix des prêtres accourus fit retentir sur lui, comme le chant d'adieu de soldats à un compagnon d'armes, et l'absoute,

donnée par M. Laurent, curé de Baugé et Supérieur
des Incurables, il fut conduit à sa dernière demeure,
porté sur les bras des domestiques, qu'il aimait tous
comme des enfants, et suivi de ses parents, de la
communauté, des vieillards et des enfants, objets de
sa constante sollicitude, et de plusieurs membres des
familles les plus respectables de Baugé et d'Angers.

V

A mesure que le caveau ouvert le recevait dans son
sein, l'image impérissable de lui-même, celle de ses
qualités et de ses vertus se dessinait dans nos sou-
venirs avec un relief saisissant, dû sans doute à ce
besoin du cœur qui veut se reprendre, malgré
la mort, à quelque chose de ce qu'il a aimé.
Nous l'avons revu, dans ces instants suprêmes, avec
sa foi candide et virginale, heureusement ignorante
des spéculations stériles, nourrie de la parole de
Dieu et de la vie des saints, vraie foi sacerdotale, si
douce, si suave, si saine à respirer pour les âmes
simples, comme pour celles que le doute a déjà tou-
chées ; avec son humilité profonde, que les distinc-
tions, les honneurs, les regards même gênaient visi-
blement, qui le faisait demeurer silencieux dans les
discussions, comme si lui seul eût été digne de se
mettre à l'école de tout le monde, et le rendait si
bienveillant admirateur quand il s'agissait du mérite

des autres, mais si défiant et si aveugle quand il s'agissait du sien ; avec son aimable laisser-aller des réunions intimes, quand sa mémoire inépuisable semait, au cours de la conversation, ces historiettes si gaies, qu'il excellait à raconter ; avec sa vive cordialité, mêlée de rude franchise, qui le rendait l'hôte, l'ami et le guide préféré du jeune clergé ; avec sa charité, qui avait, pour deviner les souffrances, une finesse féminine, et, pour les soulager, une tendresse maternelle ; avec sa réserve pudique à toucher les sujets délicats ; avec sa régularité, inflexible comme celle d'une communauté et plus étonnante, puisqu'elle était le fruit de son initiative individuelle ; avec sa piété surtout, cette piété qui remplissait véritablement son cœur, qui s'épanchait en lettres si pieuses, en aspirations si multipliées vers Dieu, au milieu des souffrances dont il ne manqua jamais, en exhortations si persuasives à la Chaire, si attendries au saint tribunal, en méditations solitaires si prolongées devant le Tabernacle ; cette piété enfin, qui illuminait sa vie, qui attirait les âmes et qui fit de sa mort un spectacle inoubliable.

Ces traits de la figure de son âme, impérissables comme elle, ne cesseront de nous apparaître, de dominer sa tombe et de verser dans nos cœurs, toutes les fois que nous viendrons nous y agenouiller, avec une leçon fortifiante, une immortelle consolation.

Et, quant à ses restes mortels, qu'ils reposent doucement dans ce petit cimetière des Incurables, qui apparaît sur la colline du Bois-Hubé, semblable à une corbeille de verdure, où sont ensevelis les corps sanctifiés, à l'ombre de la même croix que M. Baudouin et M. Guy Ménard, au milieu de ses Filles, jusqu'au jour où, la nuit de ce temps achevée, secouant cette terre légère et fine comme une poussière, tous ensemble ils s'envoleront vers Dieu.

Angers, imp. Germain et G. Grassin — 1569-86.